Made in the USA
Monee, IL
24 January 2023

26033181R00069